DÉFENSE GÉNÉRALE
DE LA FRANCE.

Établissements militaires à Bourges.

SOMMAIRE : DÉFENSE NATIONALE.— PLACE CENTRALE.— TRADITION HISTORIQUE.— NAPOLÉON.—SOULT.—FAITS ACTUELS.—CONDITIONS TOPOGRAPHIQUES CENTRALES. — SYSTÈME DUVIVIER. — INVASION 1814-1815. — LA FORTIFICATION DE PARIS — LES NATIONALITÉS. — INFLUENCES DES CHEMINS DE FER SUR LA STRATÉGIE.— ANVERS.— RASTADT ET ULM. — WOOLWICH. — BOURGES.

DEUXIÈME ÉDITION.

PARIS,
DENTU, LIBRAIRE, PALAIS-ROYAL, GALERIE D'ORLÉANS,
ET CHEZ VERMEIL, A BOURGES.

DÉFENSE GÉNÉRALE
DE LA FRANCE.

Établissements militaires à Bourges.

SOMMAIRE : DÉFENSE NATIONALE.— PLACE CENTRALE.— TRADITION HISTORIQUE.— NAPOLÉON.—SOULT.—FAITS ACTUELS.—CONDITIONS TOPOGRAPHIQUES CENTRALES. — SYSTÈME DUVIVIER. — INVASION 1814-1815. — LA FORTIFICATION DE PARIS — LES NATIONALITÉS. — INFLUENCES DES CHEMINS DE FER SUR LA STRATÉGIE.— ANVERS.— RASTADT ET ULM. — WOOLWICH. — BOURGES.

DEUXIÈME ÉDITION.

PARIS,
DENTU, LIBRAIRE, PALAIS-ROYAL, GALERIE D'ORLÉANS,
ET CHEZ VERMEIL, A BOURGES.

1861.

L'auteur de l'opuscule qui va suivre a pensé que le moment était opportun pour reproduire, en les résumant, les considérations qu'il avait publiées, à la fin de 1857, sur la nécessité d'organiser, dans des vues de prévoyance et dans l'intérêt de la défense nationale, au cœur de la France, un grand établissement militaire capable de servir de base d'opération aux forces françaises amenées à manœuvrer autour des lignes d'obstacles naturels que présente le territoire central.

Grâce au patriotisme du gouvernement impérial, ce projet, dont la pensée première remonte presque à un demi-siècle, va recevoir son exécution.

Le Conseil général du département du Cher, convoqué par un décret impérial, a voté, dans sa séance du 22 mars 1861, une somme de 700,000 fr. pour concourir aux établissements militaires à organiser dans la ville de Bourges.

Le Conseil municipal, de son côté, a offert au nom de la ville une somme de 800,000 fr.

Enfin, le Corps législatif vient d'autoriser l'emprunt départemental, et une somme de 1,500,000 fr. a été allouée par lui dans le budget de l'Etat pour le commencement des travaux, dès 1861.

Le principe d'un établissement militaire central est donc définitivement accepté, et la ville de Bourges est destinée à le recevoir.

En exposant les motifs qui expliquent et qui recommandent à l'attention et aux sympathies publiques, l'œuvre nationale dont il s'agit, l'auteur n'a pas eu la prétention d'épuiser tous les éléments d'un sujet aussi important et surtout ceux qui relèvent en particulier de la science et de la compétence des hommes spéciaux.

Il a voulu uniquement vulgariser quelques idées qu'il considère comme salutaires.

Le public éclairé qui voudra bien le lire excusera volontiers, il en a la confiance, les imperfections de son écrit en faveur de ses intentions.

Bourges, 10 mars-10 juillet 1861.

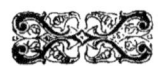

DÉFENSE GÉNÉRALE DE LA FRANCE.

Etablissements militaires à Bourges.

I.

Nous développerons ci-après avec détails les raisons sur lesquelles repose le système de l'établissement d'une place centrale pour la défense générale de la France, la préservation du Gouvernement et de la nationalité

Constatons, avant tout, les faits qui ont rattaché à la ville de Bourges, la pensée de cet établissement et les premiers actes d'exécution dont cette pensée a été la conséquence.

Au point de vue du but qu'on doit se proposer, cette ville présente des avantages incontestables.

A toutes les époques de notre histoire, c'est dans les murs de Bourges que la nationalité française menacée, a cherché son dernier, son plus sûr asile.

Il y a 1913 années, que le grand envahisseur romain, César, vint mettre le siége devant *Avaricum*, considérée alors comme le boulevard et l'ornement de la Gaule *(Pulcherrimam prope totius Galliœ urbem quœ et ornamento et prœsidio sit civitati.* César, commentaire lib. VII.)

C'est à Bourges, en effet, que s'étaient donné rendez-vous les forces d'élite de la Gaule centrale; c'est là qu'elles ont succombé avec un héroïsme dont le souvenir a traversé les siècles.

C'est à Bourges que Charles VII organisa la résistance qui devait triompher de l'invasion anglaise.

Louis XIV, la Convention nationale, Napoléon Ier, songèrent, dans les périls de la patrie, à transporter à Bourges, la résidence du gouvernement et la centralisation de la défense nationale.

Après nos désastres de 1815, le quartier général de l'armée de la Loire y fut établi.

Pendant son ministère, sous la seconde Restauration, le maréchal Soult avait bien compris l'importance de cette ville comme place centrale. Il fit exécuter alors des études.

Dans la suite, depuis 1817 jusqu'à 1848, et depuis 1848 particulièrement jusqu'au moment actuel, la question de l'organisation à

Bourges d'un grand établissement militaire a été, à plusieurs reprises, agitée dans le sein du Gouvernement.

L'exécution de ce projet a commencé sous le gouvernement de juillet, par l'installation permanente à Bourges, en 1837, d'un régiment d'artillerie.

Sous le même gouvernement, la législation relative aux fortifications et à l'armement de Paris, décréta que cet armement serait déposé à Bourges.

La présence d'un régiment d'artillerie rendit nécessaire la création d'un Polygone et d'une Ecole d'artillerie.

Cette école a été définitivement établie en vertu d'un décret en date du 20 novembre 1851. Elle a pour but l'instruction théorique et pratique du régiment en garnison. Des professeurs de sciences appliquées, de dessin et de fortification y sont attachés. Elle est placée sous la direction d'un lieutenant-colonel adjoint au général commandant l'artillerie dans la 19e division militaire.

Le service de l'école implique la construction d'un hôtel pour le général commandant, et d'un autre hôtel pour l'école elle-même.

Enfin, il y a plusieurs années déjà, l'administration de la guerre a acheté, près de l'une des portes de la ville de Bourges, dans la vallée de Saint-Paul, au-dessous du rempart, des terrains qu'elle destinait à l'organisation d'une direction d'artillerie et d'ateliers pour la réparation et l'amélioration du matériel de cette arme. Cette organisation a été ajournée jusqu'ici dans la prévoyance du développement que devait recevoir probablement l'établissement militaire projeté.

Quelles sont les raisons sur lesquelles repose la création de l'établissement actuel? quelles peuvent en être la nature et les proportions? Voilà les questions qui appellent maintenant nos explications.

II.

L'imposante manifestation des faits historiques que nous avons signalés ci-dessus, et l'attention que tous les gouvernements ont donnée à la ville de Bourges comme point central de la défense nationale, s'expliquent par les avantages naturels de sa situation.

Cette situation à laquelle les stratégistes et les hommes spéciaux attachent une si grande importance, peut facilement être appréciée par tout esprit intelligent.

En jetant un coup d'œil sur une carte topographique, on voit de suite, en effet, que la ville de Bourges, placée exactement en quelque sorte au centre de la France, est couverte et protégée de tous côtés dans un rayon d'une longueur de deux à trois marches (30 à 40 lieues environ), par une série d'obstacles naturels, qui donnent à une armée défensive, la possibilité d'arrêter l'ennemi venant d'un ou plusieurs points de la circonférence envahie.

Au nord-nord-est, se trouve la ligne de la Loire, fortifiée à une marche de Bourges sur la rive gauche de cette rivière par les collines du Sancerrois à l'est, lesquelles se relient par une série de hauteurs et d'obstacles à la position intérieure, dont Vierzon devient la clef principale, au confluent du Cher et de l'Yèvre

Plus loin, encore au nord, la Loire protége une première défense avancée ; c'est toujours l'arc qu'elle décrit et qui s'étend par Orléans, de Roanne et de Nevers, jusqu'à Tours.

Cette involution de la ligne de la Loire peut être soutenue au nord et au nord-est, non seulement par les forces venant de Tours et de Bourges, susceptibles de se masser dans le plateau de la Sologne, mais encore par la menace que les ressources considérables de Paris fortifié ferait peser sur l'ennemi qui, étant parvenu à franchir les Vosges et la Marne, à se jeter dans les vallées de l'Aube et de la Seine, voudrait tenter de déboucher par Troyes et d'attaquer le centre de communication si important dont le passage principal se trouve à Orléans, ayant ainsi tourné la gauche des positions défensives dont nous allons parler.

A l'est et à l'est-sud, la ligne de la Loire et de plus celle de l'Allier se rapprochent de Bourges, ainsi que nous l'avons dit.

Au-delà de cette ligne, on rencontre, s'inclinant vers le nord-est, la chaîne de points culminants, de collines et de vallées qui part de Château-Chinon, s'étend par Dijon, Langres, Bourbonne-les-Bains, se retourne et fait face au nord-est par Epinal, Plombières, Béfort, où elle se rattache à la chaîne des Vosges et défend la gauche de l'emplacement central de la France.

La droite de ce même emplacement est protégée par le double cours parallèle de la Loire et de l'Allier et en descendant vers le sud-est par leurs contreforts élevés, puis par les contreforts de la Saône et du Rhône jusqu'aux versants méridionaux de l'Ardèche et de la Lozère.

Enfin, au sud, les hauteurs du Limousin et de la Creuse et d'autre part les montagnes de l'Auvergne dont les versants au sud-ouest viennent s'y rattacher, permettent à une armée française de descendre à volonté dans l'une des vallées de la Dordogne, du Lot, du Tarn ou de la Garonne, contre un ennemi venant d'Espagne ou de disputer à cet ennemi les passages vers le centre.

L'emplacement dont la ville de Bourges est par sa situation le poste le plus important, constitue en conséquence dans le cas de la défensive après invasion, un point stratégique de premier ordre susceptible de servir de base d'opérations aux forces françaises destinées à manœuvrer autour des lignes d'obstacles que présente la France centrale.

III.

Ces généralités théoriques, qui sont l'aspect le plus large de la question, fournissent, nous en sommes convaincus, l'explication intime des faits historiques précités et de l'entraînement qui a poussé vers Bourges l'attention des gouvernements de la France.

Elles dérivent invinciblement de la topographie et de plus, nous les avons déduites, au moins en partie, de l'ouvrage spécial du regrettable général Duvivier, ouvrage qui ne manque pas d'autorité, quoique soulevant plus d'une critique.

Duvivier écrivait en 1826. Comme tous les militaires, il avait été vivement frappé, après nos désastres de 1814 et de 1815, de la conséquence terrible des combinaisons hardies et nouvelles pratiquées par les invasions des coalisés. Négligeant les places fortes qu'elles masquaient par des corps d'observation, leurs armées étaient venues à deux reprises différentes renverser le gouvernement de la France et abattre sa puissance, en portant rapidement vers la capitale la tête de leurs nombreuses colonnes, qui aurait bien pu cependant s'y briser ou s'y compromettre, si la capitale avait été susceptible d'une défense régulière ou si elle avait été soutenue par une autre base centrale d'opérations et de gouvernement.

Déplorant ces tristes résultats, et comprenant bien que le premier devoir de la France et de ses gouvernements est de chercher les moyens d'en empêcher pour une troisième fois la possibilité, Duvivier s'attacha à démontrer l'insuffisance du réseau actuel des places fortes de frontières et la nécessité de l'établissement d'un grand centre de défense à l'intérieur auquel il donna le nom de place centrale.

Suivant lui, la condition nécessaire de notre système défensif, doit être que toutes les forces appartenant à ce système puissent à volonté, et indubitablement, se réunir en une seule masse dans toutes les circonstances possibles ; que cette masse soit indestructible pendant un grand laps de temps, afin de donner à nos autres forces un délai suffisant pour se reproduire ; et qu'enfin cette masse puisse recevoir encore toutes les ressources que le gouvernement rassemble incessamment.

Dans l'état actuel des choses, nos ressources sont disséminées et très exposées à être immobilisées par l'invasion et le blocus des places frontières.

Duvivier choisissait pour l'emplacement de sa place centrale, de son vaste camp retranché, le delta formé par la Loire et par l'Allier.

La place centrale serait assise entre ces deux grandes rivières. Elle serait triangulaire; les sommets de ce triangle seraient ceux du delta près de Nevers, Moulins et Digoin. La Loire et l'Allier lui serviraient de fossé sur deux faces; leurs affluents retenus et déviés formeraient celui de la troisième.

Son périmètre serait d'environ 45 lieues ou cinq marches; sa surface de 100 lieues carrées.

Par suite de l'existence de cette place centrale et comme conséquence, toutes les autres places seraient supprimées.

Enfin Duvivier complète son projet par de nombreux détails, en indiquant la concentration dans la place centrale de tous les arsenaux et magasins nécessaires à la défense du pays, la possibilité d'un grand système d'inondation par la retenue des cours d'eau dans les vallées, qui embrasserait une partie du territoire central, le régime des routes aboutissant à la place, dont aucune ne devrait être parallèle, mais qui, perpendiculaires et combinées avec les obstacles naturels et défensifs, devraient fournir à l'armée cantonée dans le delta, la facilité de se porter rapidement en masse sur les points de la circonférence qu'elle aurait choisis et où elle voudrait atteindre l'ennemi.

Nous ne croyons pas que le système du général Duvivier reçoive jamais son application.

En concentrant toutes les forces défensives du pays dans la place du delta, il nous paraît évident qu'on s'exposerait, si elle était prise par l'ennemi, à des conséquences analogues à celles qui sont résultées naguère de l'occupation de Paris, conséquences qu'on veut précisément éviter.

D'autre part enfin, il est difficile de croire qu'aucun gouvernement entreprenne jamais pour les éventualités, heureusement peu probables d'une invasion, les immenses travaux que nécessiterait le système Duvivier.

Mais les propositions et le point de départ sur lesquels repose ce système nous paraissent excellents en ce sens restreint, si on le veut, qu'ils font ressortir dans l'intérêt de la défense et même de la force agressive de la France, la nécessité d'une place forte centrale contenant de grandes ressources militaires, accessoires de la puissance de la capitale et des frontières, et garantie de la préservation de la nationalité et du gouvernement.

Dès lors aussi, les autres données statégiques qui se rattachent à ce système et que nous avons exposées ci-dessus trouvent leur applicabilité.

Dans cet ordre d'idées incontestables, la ville de Bourges, placée derrière la Loire au nord, derrière la Loire et l'Allier, à l'est, à proximité cependant des chaînes du Morvan et des contreforts du sud-est de la Loire et de l'Allier, apparaît comme le point destiné à remplacer dans la réalité pratique le camp retranché imaginé par le général Duvivier, et à servir de base de ravitaillement à la capitale et à toute armée française qui opérerait soit à l'est-nord, soit à l'est, soit au sud-est, soit au midi, pour la sûreté de la France intérieure.

A l'époque où Duvivier écrivait (1826), la capitale n'avait point encore été fortifiée et les chemins de fer n'existaient pas. Nous avons à examiner maintenant l'influence de ces deux faits si considérables sur la question qui nous occupe, c'est-à-dire sur la stratégie générale et sur la défense de la France ; enfin, à rechercher les caractères de l'établissement militaire qui doit être organisé à Bourges.

IV.

La fortification de Paris et l'existence des chemins de fer, ces deux grands faits qui se sont produits depuis le travail du général Duvivier, ont indubitablement modifié les conditions de la préservation nationale et particulièrement celles de notre système défensif.

En découvrant plus ou moins nos frontières et nos vallées, depuis Valenciennes et Maubeuge jusqu'à Vissembourg, les traités de 1815 consacrèrent en quelque sorte le souvenir et l'indication des points les plus vulnérables de la France. Ces traités, pour nous servir d'une expression que l'empereur Alexandre Ier de Russie, appliqua dans la suite au rêve de ses projets ambitieux sur le Bosphore et sur Constantinople, eurent le triste soin de laisser ouverte en face de l'Europe la porte de notre maison, tandis que l'Europe essaya de fermer sa porte sur nous.

Il fallait tirer le pays de l'anxiété secrète que suscitait une pareille situation.

C'est là ce qu'on a voulu faire, indépendamment des raisons de politique intérieure, par la construction des fortifications de Paris.

La fortification de Paris, œuvre grandiose et patriotique, met la puissance du Gouvernement, c'est-à-dire le ressort essentiel qui donne l'énergie à toutes les âmes, l'impulsion commune à toutes les forces, à l'abri d'une de ces pointes hardies, de l'un de ces redoutables coups de main, qui pourraient être la suite (l'histoire de 1814 le prouve) d'une seule opération heureuse accomplie contre nous sur nos frontières ou d'une victoire de l'invasion ennemie parvenue dans les plaines de la Flandre française, de l'Aisne ou de la Marne.

Malgré l'immense étendue de son périmètre, Paris fortifié par une enceinte continue que protége en outre un réseau de forts détachés, défendu par nos troupes de réserve et par ses citoyens, serait capable sans doute d'opposer à l'ennemi une résistance prolongée.

Par suite, l'ennemi venant des routes du nord ou des vallées de l'Oise, de l'Aube et de la Seine, et qui, sans avoir réduit Paris, voudrait tourner l'armée française en retraite, menacer Orléans et Tours afin de franchir la Loire et de s'emparer des communications de la France intérieure avec la capitale, aurait à redouter d'une part les retours offensifs de cette armée appuyée à la Loire et soutenue par le patriotisme et l'énergie nationale ; et d'autre part il aurait à dos l'immense forteresse parisienne, susceptible d'abriter et de fournir à elle seule une autre armée.

Menacé ainsi sur ses derrières et dans sa ligne de retraite, il serait forcé dès lors de compter sérieusement avec la défense nationale et il est probable qu'il ne s'aventurerait pas facilement dans ses opérations sur la Loire.

Mais dans l'hypothèse posée ci-dessus et dans tous les cas, la puissance de résistance de l'armée de la Loire (et par conséquent celle de la capitale), serait considérablement accrue, si cette armée trouvait derrière elle, et en deçà des têtes de pont de la Loire, une place solide où l'on pourrait centraliser et mettre en communication avec elle, les ressources du midi, du sud-est et du sud-ouest.

Il n'y a pas besoin à cet égard d'une plus longue démonstration et il résulte certainement de ce qui précède, que la fortification de Paris, au lieu de diminuer l'importance de la position stratégique de la ville de Bourges, ne fait qu'augmenter cette importance.

Si on se place dans l'hypothèse la plus défavorable, celle où la capitale serait tombée au pouvoir de l'ennemi, l'utilité et les avantages d'une place centrale apparaissent encore plus clairement.

Il faut que la France repousse à jamais comme indigne d'elle la pensée que la chute de la capitale doit amener la chute du gouvernement national, et peut même conduire à celle de la nationalité. Les peuples de l'Europe, que nos armées ont envahi naguères, nous ont donné à cet égard des exemples qu'on ne saurait oublier.

Mais de plus, notre histoire parle ici bien hautement : qu'on l'étudie, qu'on lise particulièrement le 17e volume de l'*Histoire du Consulat et de l'Empire*, par M. Thiers, si savamment élaboré, et l'on demeurera convaincu qu'en 1814, même après la capitulation de Paris et la défection de Marmont, Napoléon Ier partant de Fontainebleau, pouvait vaincre encore ou au moins obtenir une paix honorable avec la condition de la conservation de notre frontière naturelle et nécessaire, la ligne du Rhin et celle des Alpes, s'il avait eu à sa disposition derrière la Loire une puissante place d'armes largement approvisionnée de toutes les choses utiles à la guerre, et autour de laquelle il aurait rallié ses forces éparses. Il lui restait ainsi en effet la possibilité d'appeler à lui la petite armée de Lyon, commandée par Augereau, qui demeura inutile et qui aurait pu donner la main à l'armée d'Italie, conduite et inspirée par le prince Eugène de Beauharnais, d'appeler aussi à lui l'armée d'Espagne, réunie sous le maréchal Soult, aux environs de Toulouse, laquelle livra en pure perte une glorieuse et meurtrière bataille aux Anglais; il avait chance enfin de réaliser avec des secours aussi importants, le dernier et brillant projet formé sous les éclairs de son génie.

Ce plan consistait à se porter sur les derrières et sur la ligne de retraite des armées envahissantes, à se réunir au général Maison, qui était parvenu à se maintenir en Belgique et qui couvrait notre frontière du nord, à débloquer les garnisons françaises; enfin à se grossir de ces garnisons elles-mêmes disséminées sans profit dans un nombre considérable de places fortes, depuis les rives de la Moselle jusqu'à celles de l'Oder et de la Vistule et formant un effectif de plus de 180,000 bons soldats munis d'une nombreuse artillerie. Une pareille manœuvre et la situation qu'elle entraînait auraient profondément, dans tous les cas, donné à réfléchir aux envahisseurs, étonnés eux-mêmes de leurs succès et craignant d'en profiter. En effet, ils n'osèrent disposer en maîtres du sort de la France que le jour où la capitulation de Paris et la contre-révolution intérieure, appuyée sur leurs baïonnettes, vinrent briser le prestige du gouvernement impérial, dépourvu dès lors à la fois et de siége politique et de base matérielle, d'opérations militaires.

Malheureusement sous ce gouvernement, suivant le mot de M. Thiers, tout avait été préparé pour la conquête, rien pour la défense. Il n'aurait point, à coup sûr, succombé d'une manière si complète et si déplorable, s'il lui était resté un Palladium et un refuge suprême qui pût compenser la chute de la capitale et la compression de son peuple héroïque. D'ailleurs, aurait-on tenté l'attaque de Paris, et Paris serait-il tombé s'il avait été soutenu par une grande forteresse de seconde ligne? Voilà ce qu'on peut encore se demander.

Napoléon dut amèrement regretter en 1814 de n'avoir pas pris la précaution de se créer une pareille ressource. Si cette force essentielle de résistance avait existé, il est permis de croire que l'Europe (même après la capitulation de Paris et la défection de Marmont) aurait traité avec l'Empereur, et de plus qu'elle aurait accepté les bases équitables et salutaires défendues par M. de Caulaincourt au congrès de Châtillon, c'est-à-dire la conservation de la dynastie impériale et de nos frontières naturelles, le Rhin et les Alpes.

Dès lors les événements de 1815 ne se seraient pas produits.

Et même, après Waterloo, croit-on que les conséquences n'eussent pas été toutes différentes de ce qu'elles ont été, si l'armée française (devenue ensuite l'armée de la Loire) avait pu s'appuyer sur un dépôt considérable de jeunes soldats et sur les puissants moyens d'action que lui aurait offerts un solide établissement central ? Croit-on que les projets héroïques de Carnot, de Drouot et de Labédoyère ainsi soutenus, n'eussent pas fait hésiter Blücher et Wellington ? que la capitale eût été aussi promptement menacée, et que la France eut été forcée de subir d'une façon désastreuse pour sa dignité et ses intérêts la loi du vainqueur ?

Au moment actuel et à cette époque réparatrice de notre histoire, à laquelle nous sommes parvenus, après 46 ans d'anxiétés, après tant de protestations renouvelées, les traités de 1815 imposés à la suite de Waterloo, quoique puissamment modifiées, pèsent encore, jusqu'à un certain point, sur l'Europe et particulièrement sur l'Europe méridionale dont la France est la tête et le flambleau.

Mais les nationalités comprimées depuis tant d'années par ces traités funestes, se réveillent et veulent se constituer définitivement.

Qui peut prévoir, dès lors, les faits à naître de ce réveil des nationalités et de la nécessité d'un nouvel et véritable équilibre européen?

Qui peut prédire les conséquences de la transformation sociale du vaste empire de Russie, de l'agitation de la Pologne, des anxiétés de l'Allemagne tiraillée et affaiblie par le fédéralisme, de l'ardeur qui enflamme l'Italie pour sa régénération et pour son unité, des prétentions de la Hongrie, de la décadence de l'empire turc, des jalousies, des terreurs, des erreurs même de l'Angleterre? Et, au milieu de ce travail de renaissance, de ces sourdes palpitations dont l'Europe est émue, comment ne pas apercevoir les aspirations qui poussent la France à chercher la sécurité, le repos, les proportions normales de sa grandeur et de sa puissance dans le complément de sa nationalité par son extension jusqu'à ses frontières naturelles, le Rhin, l'Océan, les Pyrénées et les Alpes?

Ces dernières aspirations ont été satisfaites en partie, sans doute, par l'annexion glorieuse de la Savoie et de Nice, mais le sentiment public n'a oublié, cependant, ni les sympathies séculaires des peuples de la rive gauche du Rhin pour la France (si bien manifestées en 1830 par les offres d'annexion de la Belgique), ni les intérêts économiques qui nous attirent sur les bords de ce fleuve célèbre.

Assurément, le jour où les entraînements mystérieux et providentiels des nationalités seront satisfaits, le jour où les longues insomnies des gouvernements européens n'auront plus de raison d'être, il ne sera besoin (heureusement) ni pour nous ni pour les autres peuples, de tant de canons et de forteresses. Alors, en effet, le mouvement de la civilisation et du progrès dont la France est le foyer depuis près d'un siècle, n'étant plus comprimé ou menacé par l'effet de la constitution européenne, de révolutionnaire ou guerrier qu'il a été plus d'une fois, tendra partout à devenir pacifique et conservateur dans les formes nouvelles de la sociabilité moderne créées par le beau et noble programme qu'on a appelé les principes de 1789. Mais en attendant, il faut se souvenir que l'imprévoyance n'est pas permise à la France ; que, dans l'état politique actuel de l'Europe, en présence des procédés nouveaux de locomotion et de guerre, la fortification de la capitale ne suffit pas à la sécurité nationale ; enfin, que notre force matérielle a surtout pour point d'appui le territoire central, qui est comme le cœur d'où doivent partir tous les courants de la vitalité et de l'énergie, et, au besoin, de l'implacable résistance en cas d'invasion.

V.

Occupons-nous maintenant des conditions créées par l'existence des chemins de fer.

Ces instruments si puissants de locomotion exercent inévitablement une influence des plus considérables sur la sûreté de la frontière des empires et particulièrement sur celle des frontières de la France, telles qu'elles ont été constituées par les traités de 1815, en face de l'Europe centrale, de l'Europe du nord et du nord-ouest.

On comprend de suite, en effet, qu'au moyen de ses chemins de fer intérieurs, chaque nation, à moins d'occupation de son territoire par l'ennemi, peut immédiatement porter sur sa frontière, soit en personnel, soit en matériel, une grande partie des forces dont elle dispose. Elle envahira facilement le pays voisin. Les envahissements rapides de territoire, les investissements des places frontières par des forces nombreuses ennemies, sont donc devenus d'autant plus à craindre et à redouter.

Mais, d'un autre côté, la frontière menacée est plus susceptible d'être promptement et énergiquement défendue. Faisant rayonner avec facilité ses forces du centre à la circonférence, le pays attaqué portera à son tour sur l'agresseur des coups puissants et subits.

Une tactique nouvelle, un système nouveau d'opérations militaires soit pour la défense des frontières des Etats, soit pour l'invasion du territoire ennemi et les opérations de guerre, devient ainsi la conséquence de l'existence des chemins de fer. La dernière campagne en Italie en a fourni une preuve particulière. Dans cette campagne le grand chemin de fer autrichien en communication avec Milan, a été le moyen principal de l'envahissement rapide du Piémont ; mais d'autre part les chemins de fer de Paris à Lyon et de Paris à Orléans et ceux de Lyon en communication avec la Savoie et le Piémont, n'ont fait défaut ni à la France ni au Piémont. C'est ainsi qu'on a pu dire qu'au premier rang parmi les vainqueurs de Magenta et de Solferino il fallait mettre le chemin de fer de Paris à Lyon et le chemin de fer Victor-Emmanuel.

En plaçant exclusivement à peu près, ainsi qu'on l'a fait jusqu'ici, les grands établissements militaires à la circonférence ou autrement dit sur la ligne de la frontière, on les expose plus que jamais aux brusques agressions, aux investissements de l'ennemi.

Il est d'autant plus rationnel dès lors de diviser le système de la défense des frontières et même aussi celui des bases d'opérations de nos armées agressives et défensives.

Sans doute, il faut laisser aux places des frontières, suivant la combinaison spéciale qui peut se rattacher à chacune d'elles, les éléments de lutte nécessaires soit pour la défensive soit pour la guerre d'agression ; mais en même temps, d'autres éléments militaires, d'autres approvisionnements considérables doivent être réunis à l'abri des coups de l'ennemi au centre du territoire lieu de sûreté, point de concentration des ressources et des forces réservées.

Ce qui était vrai avant l'existence des chemins de fer est devenu encore plus certain depuis cette existence, et rend d'autant plus évident le besoin d'organisation au centre du territoire d'une base puissante d'opérations défensives.

Une dernière observation de fait en terminant cette partie de nos explications : comme les choses qui ressortent des déductions de la logique et des intérêts généraux s'aperçoivent dans tous les temps, le projet d'un établissement militaire central ne date pas seulement de l'époque contemporaine. Le célèbre Gribeauval, inspecteur général de l'artillerie, en avait conçu la pensée dans le dernier siècle. Toutefois, il n'avait pas choisi Bourges pour y fixer cet établissement. Il voulait le créer à La Charité-sur-Loire. Le gouvernement du roi chargea en 1788 le major Espinasse, devenu depuis lieutenant-général d'artillerie, comte de l'empire, puis pair de France, et qui est mort en 1816, de préparer l'exécution du projet. Mais la révolution vint tout déranger ; on songea à des choses plus urgentes, et le major Espinasse, détourné de ses travaux, fut envoyé à Saint-Etienne.

La position militaire de La Charité-sur-Loire, qui commande la route de Paris à Lyon par le Bourbonnais, avait naguère une importance qu'elle a perdue, depuis la création des chemins de fer et d'un grand nombre de ponts sur la Loire, aboutissant à des voies nouvelles de communication. Il est tout-à-fait hors de doute que si Gribeauval revenait aujourd'hui au monde, il ne persisterait pas dans le choix qu'il avait fait de cette position pour l'établissement central. Elle est en effet devenue absolument inadmissible en présence des conditions nouvelles de la viabilité générale de la France, de la stratégie, enfin des enseignements de notre histoire, si rapprochés de nous.

VI.

Depuis l'époque (1857) où nous avons publié nos premières réflexions sur la défense générale de la France et sur les établissements projetés à Bourges, la question théorique et pratique de la préservation des nationalités, de la protection des territoires et des gouvernements contre les possibilités de l'invasion étrangère a été plus d'une fois à l'ordre du jour en Europe.

La Belgique, l'Angleterre et la Confédération germanique ont manifesté plus particulièrement leurs préoccupations à cet égard.

La fortification d'Anvers a donné lieu notamment dans les chambres belges aux discussions les plus animées et les plus instructives. Cette ville, que l'Angleterre, dans ses préjugés à notre égard, semble avoir considérée toujours ou comme une menace, si elle appartenait à la France, ou comme une proie à conserver et un débarcadère commode pour les forces anglaises entre les mains de la Belgique, est en effet, à tous les points de vue, d'une très grande importance. Le gouvernement belge y a vu la base de son système militaire et défensif. A ce sujet, M. le général Chazal, ministre de la guerre, a exposé que les moyens anciens de défense de la Belgique avaient cessé d'exister par la destruction des fortifications d'Ypres, de Menin, de Philippeville, de Marienbourg. Il a proclamé ensuite les vrais principes généraux de la matière, en s'appuyant sur l'autorité de Frédéric-le-Grand, de Napoléon, de Wellington. « Le système qui prévaut partout aujourd'hui, a-t-il dit, c'est la concentration des moyens de défense dans une grande place en arrière, sur laquelle l'armée défensive puisse s'appuyer. Les places frontières bien loin d'être utiles, peuvent devenir nuisibles, et il est sage de les supprimer. » (Sénat belge, septembre 1859.)

Ces paroles absolues peuvent être considérées sans doute comme inspirées par la position particulière de la Belgique. Mais elles n'en font pas moins ressortir le principe général adopté et reconnu par les hommes spéciaux, principe applicable non seulement à la Belgique, mais encore à tout autre pays.

C'est aussi dans un point de vue analogue que la Diète germanique siégeant à Francfort, s'est occupée avec une très persistante sollicitude dans ces dernières années surtout, des fortifications des places fédérales et particulièrement de Rastadt et d'Ulm.

Remarquons que les préoccupations de la Confédération germanique à cet égard ne datent pas d'un jour; elles se sont montrées dès 1840, au moment où fut décrétée la fortification de Paris.

On se souvient que l'Allemagne eut alors un frémissement de crainte que l'on voulut calmer en ranimant contre la France les passions populaires de 1813 et de 1814, et en faisant répéter partout le fameux chant du *Libre Rhin Allemand*. On chercha en même temps à conjurer, par des précautions matérielles, les éventualités qu'un entraînement ou un mouvement de révolution de la France pouvaient faire naître.

Le développement et le perfectionnement de Rastadt et d'Ulm parurent en conséquence une bonne réponse à la fortification de Paris.

La première de ces places, située non loin de Strasbourg, dans le grand-duché de Bade, derrière le Rhin, peut constituer à la fois une base offensive contre la France et un arrière-poste par rapport aux places allemandes de première ligne de Landau, Spire, Manheim, etc.

La seconde (Ulm), assise sur le Danube à l'endroit où ce fleuve commence à devenir navigable, séparée des bords du Rhin par la Forêt-Noire, couverte par le Necker et par les Alpes de Souabe, est la base naturelle de la défense de l'Allemagne méridionale.

La combinaison stratégique résultant de l'existence de ces deux forteresses répond surtout à l'état de choses créé par les chemins de fer. Par Rastadt on peut à la fois menacer la frontière française et défendre la frontière allemande, et par Ulm soutenir en même temps avec de grands avantages une guerre défensive dans la Forêt-Noire et sur le Necker contre une armée débouchant de Strasbourg et de Neufbrisach. L'histoire de la campagne de 1805 a prouvé, au reste, l'importance de ces aperçus.

Les travaux commencés d'abord avec ardeur à Rastadt en 1840, se ralentirent dès que la première émotion fut passée. Ils ont été repris activement depuis 1856; ils classeront cette ville parmi les places de premier ordre en Europe.

A Ulm, les travaux ont eu surtout le caractère qui convient à une place de seconde ligne, destinée à contenir des réserves et de grands approvisionnements. D'immenses casernes ont été construites et les fortifications ont été étendues sur les deux rives du Danube ; celles de droite exécutées par les ingénieurs bavarois et autrichiens, celles de gauche confiées à des Prussiens et à des Wurtembergeois.

Enfin, chez nos voisins les Anglais, la question a été traitée d'après des principes analogues à ceux qui ont été professés dans le parlement belge, et qui paraissent avoir animé la Diète germanique.

On se souvient qu'à une époque encore bien rapprochée de nous après la guerre d'Italie, le fantôme d'une descente en Angleterre et d'une invasion française, suscité particulièrement par les dissertations de sir Ch. Napier et de ses amis, se dressa terrible dans l'esprit du peuple britannique.

C'est de là surtout que sont résultés : la création de la fameuse armée des tirailleurs volontaires, les importantes mesures relatives à l'armement et à la défense des côtes, enfin le projet de créer un grand établissement militaire central.

On veut, en conséquence, diviser l'arsenal de Woolwich ou créer un second arsenal en arrière.

Le motif principal de l'une ou de l'autre de ces mesures est le même, à savoir : que l'arsenal de Woolwich étant situé sur la Tamise, à l'endroit où cette rivière peut recevoir les plus gros navires de guerre, se trouve, en cas d'hostilité, exposé à un bombardement et par suite à une destruction complète. Cet inconvénient est d'autant plus grave, que l'arsenal contient la plus grande partie des approvisionnements militaires du Royaume-Uni.

La commission nommée par le gouvernement anglais pour étudier les plans relatifs à la défense des côtes de l'Angleterre, s'est prononcée à ce qu'il paraît à l'unanimité pour la création d'un second arsenal.

Son président, le général Harry Jones, dans un rapport lumineux, a exposé les motifs sur lesquels elle a appuyé son opinion, et ces motifs consistent surtout dans la nécessité de la concentration d'une force et d'un approvisionnement militaires à l'intérieur, en dehors et à l'abri des lignes d'invasion, force capable de combattre efficacement cette invasion et de la tenir en échec.

On voit que pour l'Angleterre comme pour la Belgique, eu égard au voisinage de la France, la question se pose dans des termes analogues.

Faisons enfin remarquer comme conclusion à tirer de ces faits, que la question se pose aussi en ce qui concerne la France elle-même, et que tous les arguments qui ont été produits dans le parlement belge ou dans les conseils du gouvernement britannique, retrouvent eu égard à la France vis-à-vis de l'Europe, une puissance augmentée d'analogie que rendent palpables les conséquences de l'agression à laquelle nous pourrions être exposés, dans l'hypothèse désormais peu probable, mais enfin possible, d'une coalition contre nous.

Certes, en présence de la pensée de paix que manifeste l'Europe en ce moment, en présence de la sagesse des cabinets, du progrès de la civilisation, du rétablissement qui se poursuit, de cet équilibre nécessaire méconnu en 1815, que cherche l'Europe et dont elle sera redevable surtout aux vues profondes et aux déterminations héroïques du gouvernement impérial, en présence du haut degré de gloire et de puissance auquel la France a été élevée, et il est difficile de songer aux possibilités d'une guerre européenne et surtout d'une guerre d'invasion contre l'empire français.

Cependant on ne saurait s'empêcher de reconnaitre en même temps la tendance qui porte toutes les nations à fortifier leur établissement militaire : l'Angleterre, au moyen de ses volontaires, de l'armement de ses côtes, du progrès de sa marine ; la Russie, l'Autriche et la Prusse, par le développement de leur marine militaire, le perfectionnement de leurs armées de terre ; la Belgique, par la fortification d'Anvers ; la Confédération germanique, par l'amélioration et l'agrandissement de ses forteresses fédérales.

Tout concourt au reste pour expliquer et continuer cette tendance.

Les expériences faites dans la dernière guerre d'Italie ont mis en lumière le rôle si important que doivent jouer désormais dans les opérations militaires les chemins de fer, les armes à feu de précision, les terribles engins de guerre et de destruction, soit sur terre soit sur mer qu'on imagine chaque jour, les troupes légères et rapides. Par les chemins de fer, les belligérants peuvent jeter tout à coup sur leurs frontières respectives des masses considérables de soldats ; au moyen des armes de précision et des nouveaux agents de destruction, ils peuvent se porter des coups qui abrègent les lenteurs de la guerre ancienne ; par la mobilité des troupes et la rapidité de leurs mouvements, ils peuvent rendre d'autant plus audacieuse la guerre d'invasion.

Tous les peuples européens semblent dès lors s'être pénétrés de cette maxime : *Si vis pacem para bellum.*

La conclusion à tirer de ce qui précède, en ce qui concerne la France, c'est que l'idée de Napoléon Ier, de Soult et de Duvivier acquiert un caractère d'autant plus certain d'utilité théorique et pratique ; elle implique la création en arrière de Paris fortifié, de cette place centrale d'approvisionnements militaires et de réserves qui a manqué à Napoléon Ier en 1814 et en 1815 et qui doit servir de point d'appui à la capitale et à l'armée active, dans l'hypothèse, Dieu merci ! peu probable, d'une guerre malheureuse sur nos frontières.

VII.

Il nous reste maintenant à expliquer les motifs accessoires et particuliers qui ont pu, suivant nous, déterminer le gouvernement impérial à désigner la ville de Bourges pour devenir le siége des établissements militaires qu'il projette en ce moment.

Cette ville a derrière elle les forces agricoles de la zône méridionale centrale de la France et celles qui sont particulières au Berry. Le minerai de fer, les bois de chêne, de noyer et autres se trouvent à sa proximité en immense quantité. Les hauts-fourneaux sont nombreux dans le Cher, dans l'Indre et dans la Nièvre. Indépendamment des usines du Creuzot, de Fourchambault et d'Imphy, placées à sa portée, mais un peu en dehors de la protection des lignes de la Loire, Bourges possède des communications commodes avec les forges de Vierzon, les centres métallurgiques et houillers de Commentry et de Montluçon.

Dans un rayon plus éloigné se montrent les forges de la Charente, les manufactures d'armes de Châtellerault, Tulle, Saint-Etienne.

Assise sur des cours d'eau dont on peut utiliser les forces, la ville présente elle-même des ressources métallurgiques bien connues. L'usine célèbre de Mazières est à ses portes. Elle est déjà en communication par le canal de Berry et par le chemin de fer aboutissant à Moulins-sur-Allier, avec le bassin houiller de Montluçon; un chemin de fer intérieur suivant les rives du Cher par Saint-Amand, la rattachera prochainement encore à ce bassin.

D'autre part les fourrages pour la cavalerie y abondent, et les approvisionnements des choses nécessaires à la vie humaine, grâce à l'agriculture qui l'environne, peuvent s'y faire avec une grande facilité.

Enfin, elle se relie avec Orléans et Paris par le chemin de fer d'Orléans, et avec Lyon par le chemin de fer du Bourbonnais à partir du Guétin.

Le chemin de fer projeté de Tours à Vierzon et celui qui s'exécute en ce moment du Guétin à Chagny créeront une ligne intérieure de communication de l'ouest à l'est, derrière la Sologne et l'arc de la Loire et une nouvelle communication indirecte avec le chemin de Paris à Lyon par la Bourgogne.

Bourges, considérée comme arsenal et comme dépôt, aura donc à sa disposition tous les éléments d'une puissante concentration de forces de toute nature, soit pour le ravitaillement de la capitale ou des frontières de l'est et du nord-est, soit pour la défense des lignes de la Loire et de l'Allier, et du cercle d'obstacles naturels qui constituent la topographie de la France centrale, soit pour les secours à porter à la ville de Lyon et aux frontières du sud-est et du midi, soit enfin pour recevoir elle-même du nord ou du midi les ressources destinées à la défense nationale.

Les établissements projetés à Bourges se composeront : 1° d'une fonderie de canons ; 2° d'un arsenal pour la construction des affûts, des voitures et du matériel nécessaire à l'artillerie ; 3° d'une école de pyrotechnie.

Le polygone destiné aux manœuvres et aux expériences de l'artillerie sera considérablement étendu.

Depuis la première édition de cet opuscule, il est survenu, sur l'objet particulier qui nous occupe ici, le meilleur des éclaircissements : c'est le rapport de la commission du Corps législatif relatif au projet de loi voté dans la séance du 20 juin dernier, qui alloue au ministre de la guerre, pour les établissements à créer à Bourges, un crédit de 1,500,000 fr. à prendre sur le fonds de 45 millions, applicable aux grands travaux d'utilité publique.

« Nous vous proposons, dit le rapport, de voter le crédit de 600,000 francs, destiné à l'acquisition des terrains nécessaires pour l'installation des établissements d'artillerie à Bourges.

« Il s'agit, en effet, de la création d'un grand établissement national dont nous avons reconnu l'importance, et qui, depuis longtemps, est l'objet des études du gouvernement.

« Les établissements d'artillerie avaient été précédemment placés près des frontières pour les mettre à portée des armées en campagne, et, pour cette raison, ils ne se trouvaient pas dans des conditions de protection convenables. Les chemins de fer, qui sillonnent le territoire, permettent d'avoir recours à un système qui réunira tous les avantages sans présenter d'inconvénients : c'est celui de concentrer au cœur du pays la totalité des établissements producteurs d'artillerie, tels que fonderies, arsenaux de construction et de réparation, dépôt de matériel, et d'y adjoindre une école d'artillerie et de pyrotechnie, un polygone d'une vaste étendue, des magasins à poudre et à munitions. La dépense s'élèvera à 15 millions ; mais on reconnaîtra tout ce qu'elle produira d'utile au point de vue de la fabrication et de la perfection des armes et des munitions, des facilités d'approvisionnement des armées et de la défense nationale. Après un long examen, Bourges, par sa position au cœur du pays, a paru la localité la plus propre à recevoir ce grand établissement. En effet, placée entre Paris et Lyon, aux abords d'un grand fleuve, à proximité des houillères, des gisements minéraux et des établissements industriels du centre, elle permet de rayonner facilement sur tous les points du territoire.

» Il est urgent de s'assurer sans retard de l'acquisition des terrains nécessaires, dont le périmètre a été fixé par une Commission spéciale et par une délibération du comité d'artillerie, en date du 22 mars dernier ; ils sont évalués à 600,000 fr.

» Il nous a semblé, Messieurs, que ce crédit pouvait être pris sur des ressources provenant d'un emprunt fait pour la guerre, et, sur la demande qui nous en a été adressée, nous l'avons porté à 1,500,000 fr. Le supplément de 900,000 fr. sera employé à des constructions dont les détails sont déjà arrêtés.

» Vous remarquerez que le conseil général du Cher et le conseil municipal de Bourges ont voté, pour leur part contributive dans la dépense, le premier, une somme de 700,000 fr., et le second, une somme de 800,000 fr.; ensemble, 1,500,000 fr. »

Il serait superflu d'ajouter, en ce qui concerne le principe même des établissements projetés, quelque chose à ces paroles si explicites et si claires.

Mais nous pensons que les aperçus de la Commission du Corps législatif ne sont pas absolument exacts et que la dépense des établissements militaires de Bourges dépassera 15 millions.

Nous avons recherché à cet égard des renseignements qui nous mettent à même de justifier notre observation.

Et d'abord, suivant les projets acceptés, à ce qu'il paraît, par le comité d'artillerie, le polygone, qui n'occupe actuellement que 76 hectares environ, devait être porté à une étendue totale de 612 hectares, représentant une valeur approximative de 1,224,000 francs. Il devait occuper tout l'espace compris entre la route de Crosses et celle de Dun-le-Roi jusqu'à Soye, dans une longueur de 5,500 mètres et dans une largeur, à son extrémité, de 2,400 mètres.

Il paraît que M. le Ministre de la guerre a désiré le réduire à une superficie de 282 hectares, y compris les terrains du polygone actuel, et à une longueur de 4,100 mètres, représentant seulement une valeur d'environ 336,000 fr.

Mais il est douteux que ces dimensions soient suffisantes, particulièrement pour les épreuves de la grosse artillerie rayée dont la portée est devenue énorme et pour celles des fusées de guerre, et il est probable qu'on reviendra, dans un avenir prochain, aux dimensions acceptées par le comité d'artillerie. Une détermination dans ce sens semble d'autant plus désirable que le prix des terrains va toujours en augmentant, et que les atermoiements ne feront qu'exciter les exigences des propriétaires.

D'autre part, l'établissement projeté devra être exécuté et organisé dans des proportions nécessairement corrélatives avec le but qu'on se propose.

Il faut se souvenir que cet établissement comprendra d'abord : 1° Une fonderie centrale ; 2° Un arsenal central ; 3° Une école de pyrotechnie.

Or, de l'avis des hommes spéciaux les plus compétents, cette triple combinaison entraîne, comme conséquences indispensables : 1° La construction d'un chemin de fer reliant les établissements militaires à la gare de Bourges, et rendant faciles les rapports de ces établissements avec les voies ferrées. Ce chemin de fer produirait à la fois économie, rapidité et sécurité pour les transports qui comprendront tous les objets nécessaires à la guerre ; 2° L'installation de trois compagnies d'ouvriers ; 3° Celle de deux batteries de fuséens ; 4° Celle d'un escadron du train d'artillerie ; 5° Celle d'un bataillon d'infanterie au moins, pour le service de la place ; 6° Celle d'un second régiment d'artillerie.

Sans doute, le décret du 17 novembre 1860 range Bourges parmi les écoles d'artillerie de 2e classe ne comprenant qu'un seul régiment. Mais il est bien difficile de regarder cet état de choses comme définitif. Lorsque l'établissement projeté sera organisé, il absorbera pour ses différents services un nombre si considérable d'hommes appartenant à l'artillerie, qu'il paraît certain qu'un seul régiment ne pourra suffire à la fois à ces services et aux soins de sa propre instruction.

Un second régiment devra donc probablement être installé à Bourges.

Par suite de l'état des choses, il faudra un casernement proportionné et immense, susceptible de loger une garnison de 6,000 hommes.

Ajoutons à cela les hôpitaux et les magasins de toute espèce pour le matériel et les munitions, et nous demeurons convaincu que le chiffre de 15 millions, prévu par la Commission du Corps législatif, sera nécessairement dépassé.

Il importe que le gouvernement et l'administration de la guerre se préoccupent, dès à présent, de cette situation, afin de proportionner les crédits aux besoins et de ne pas faire les choses à demi en se créant ainsi des regrets ou de graves difficultés pour l'avenir.

VIII.

Nous sommes arrivés au terme de la tâche que nous avons cru devoir entreprendre.

C'est surtout dans les moments de sécurité extérieure qu'il est possible d'agiter et de discuter des questions de la nature de celle que nous venons d'aborder.

Notre but, dans le principe, avait été de fixer l'attention publique et celle de l'autorité sur un intérêt de premier ordre, à notre avis, au point de vue de l'avenir national. Cet intérêt n'a jamais été méconnu et il vient d'être largement satisfait par les projets que le gouvernement s'occupe de réaliser.

Quant à nous, nous espérons, redisons-le en terminant, qu'en faveur de la pensée qui nous a porté à écrire, nos lecteurs nous pardonneront de leur avoir rappelé des souvenirs pénibles ou d'avoir posé des hypothèses heureusement bien en désaccord avec l'état présent de grandeur, de gloire et de force extérieure dont la France est maintenant en possession. Ils se diront comme nous que cette force et cette grandeur reposent sur des bases assez solides pour qu'il soit permis de regarder sans trouble et avec sérénité tous les enseignements de l'histoire; ils se diront enfin qu'il s'agit ici d'une de ces questions qui sont de tous les temps, qui tiennent incessamment en éveil le sentiment général et que la souveraineté ne dédaigne jamais, car ses plus précieux attributs, ceux qu'elle exerce avec le plus de vigilance, sont à la fois la recherche incessante de la vérité, la sollicitude des intérêts publics et toutes les prévoyances conservatrices de la nationalité, tutrices de la sécurité et de la puissance de la patrie.

P. DUPLAN,
Ex-représentant du Cher.

Bourges, Impr. de Ve MÉNAGÉ, rue de Paradis, 16.

www.ingramcontent.com/pod-product-compliance
Lightning Source LLC
Chambersburg PA
CBHW070454080426
42451CB00025B/2730